Gloups

Pour Lucile, Tristan, Loris et Kelly
M.B.

Pour Alice, la plus belle et
la meilleure chanteuse du monde !
C.N.V.

ISBN 978-2-211-09535-8
Première édition dans la collection « lutin poche » : janvier 2009

Loi numéro 49 956 du 16 juillet 1949 sur les publications
destinées à la jeunesse : mars 2008
Dépôt légal : juillet 2021
Imprimé en France par Pollina à Luçon - 98807

Christine Naumann-Villemin ~ Marianne Barcilon

Gloups

kaléidoscope
les lutins de l'école des loisirs
11, rue de Sèvres, Paris 6e

Dans le ventre de sa maman, déjà,
Gloups n'était pas très sage.
« Hou! Eh bé! Sois gentil, mon tout-petit !»
« Gloups !»

Quand il était bébé,
Gloups était parfois un peu… coquinou.
« Allons, mon petit Gloupsounet, sois gentil. »
« Gloups! »

Avec sa petite sœur,
Gloups se montrait parfois un peu trop...
... affectueux !
« Ah non ! Sois gentil avec Crokette ! »
« Gloups ! »

Son animal de compagnie
le craignait un peu :
« Recrache ! Tout de suite !
Ça, ce n'est pas gentil !
Pas gentil du tout ! »
« Gloups ! »

Et avec les gens qu'il ne connaissait pas,
Gloups n'était pas très poli.
« Non mais ! Veux-tu bien être gentil ! »
« Gloups ! »

chocolat
vanille
praliné

Le jour où Gloups entra à l'école,
sa maman lui fit quelques recommandations :
« Mon chéri, à partir d'aujourd'hui, tu seras un gentil Gloupson.
Tu es grand maintenant et tu dois comprendre
qu'on ne fait pas toujours ce qu'on veut dans la vie !
Je veux qu'on me dise que mon fils est un gentil chéri…
C'est promis ? »
« Gloups ! Gloups ! »

L'école est pleine de tentations pour un petit Gloupson.
Mais Gloups est plein de bonnes intentions.

Il est gentil avec la maîtresse. Mais ce n'est pas facile.

A B C D E
F G H I J
K L M N O
S T
X Y
Hansel Gretel
SAMBO
Ours Brun

Il est gentil avec Loulou...
Pourtant, le raplaplater serait très tentant.

À la cantine, il se montre charmant.
Pourtant, la petite Cerise est vraiment appétissante.

La sieste n'est pas un moment facile pour un petit Gloupsounet.
Il faut reconnaître que Martin est très très près...

Il est super-poli avec la jolie Rose.
C'est qu'elle est vraiment à croquer !

Il est même gentil avec le poisson rouge.
Mais c'est très dur.
« Gllllllllou... »

Enfin, c'est l'heure des mamans.
« Alors, mon chéri ? Tu as été bien gentil ? »
La dame qui met les manteaux félicite Maman :
« Oh ! Votre fils a été adorable !
Bravo petit Gloups ! Ça mérite un bisou ! »

«Gloups!»